El sol

William B. Rice

Asesora

JoBea Holt, Ph.D.
The Climate Project
Nashville, Tennessee

Créditos

Dona Herweck Rice, *Gerente de redacción*; Lee Aucoin, *Directora creativa*; Don Tran, *Gerente de diseño y producción;* Timothy J. Bradley, *Gerente de ilustraciones*; Conni Medina, M.A.Ed., *Directora editorial*; Katie Das, *Editora asociada*; Neri Garcia, *Diseñador principal*; Stephanie Reid, *Editora fotográfica*; Rachelle Cracchiolo, M.S.Ed., *Editora comercial*

Créditos fotográficos

portada SOMATUSCAN/Shutterstock; p.1 SOMATUSCAN /Shutterstock; p.4 Vibrant Image Studio/Shutterstock; p.5 Kapu/Shutterstock; p.6 Yuriy Kulyk/Shutterstock; p.7 Daniele Carotenuto/ Shutterstock; p.8 Ekaterina Starshaya/Shutterstock; p.9 (izquierda) Paul Aniszewski /Shutterstock, (derecha) Elenamiv /Shutterstock; p.10 Christian Miller/iStockphoto; p.11 NASA; p.12 Noel Powell, Schaumburg/Shutterstock; p.13 Christos Georghiou/Shutterstock; p.14 Viktar Malyshchyts/ Shutterstock; p.15 NASA; p.16 Dudarev Mikhail /Shutterstock; p.17 (arriba) Ken Freeman/ Shutterstock, (abajo) Chubykin Arkady/Shutterstock; p.18 djgis/Shutterstock; p.19 Thorsten Rust/Shutterstock; p.20 oorka/Shutterstock; p.21 Matthew Cole/Shutterstock; p.22 rehoboth foto/Shutterstock; p.23 Iakov Kalinin/Shutterstock; p.24 chrysh/iStockphoto; p.25 Taily/ Shutterstock; p.26 Nazar's Collection/Shutterstock; p.27 Susan Montgomery/Shutterstock; p.28 Rocket400 Studio/Shutterstock; p.29 Karen Lowe; p.32 Associated Press

Teacher Created Materials
5301 Oceanus Drive
Huntington Beach, CA 92649-1030
http://www.tcmpub.com

ISBN 978-1-4333-2599-1

Reprinted 2013
Printed in China 51497

Tabla de contenido

Brilla, brilla pequeño sol

Nuestro sol es muy importante. Nos da la luz y el calor que necesitamos para vivir.

¡Eso se debe a que el sol es realmente una **estrella**!

El sol es la estrella más cercana a la Tierra.

El sol es una bola enorme de **gas** caliente. El gas está en llamas. Por eso el sol es tan caliente y luminoso. ¡Es como una gran bola de fuego!

Los seres vivos de la Tierra aprovechan la luz y el calor del sol.

Además, el sol lanza anillos de gas caliente. ¡Sería peligroso acercarte demasiado al sol!

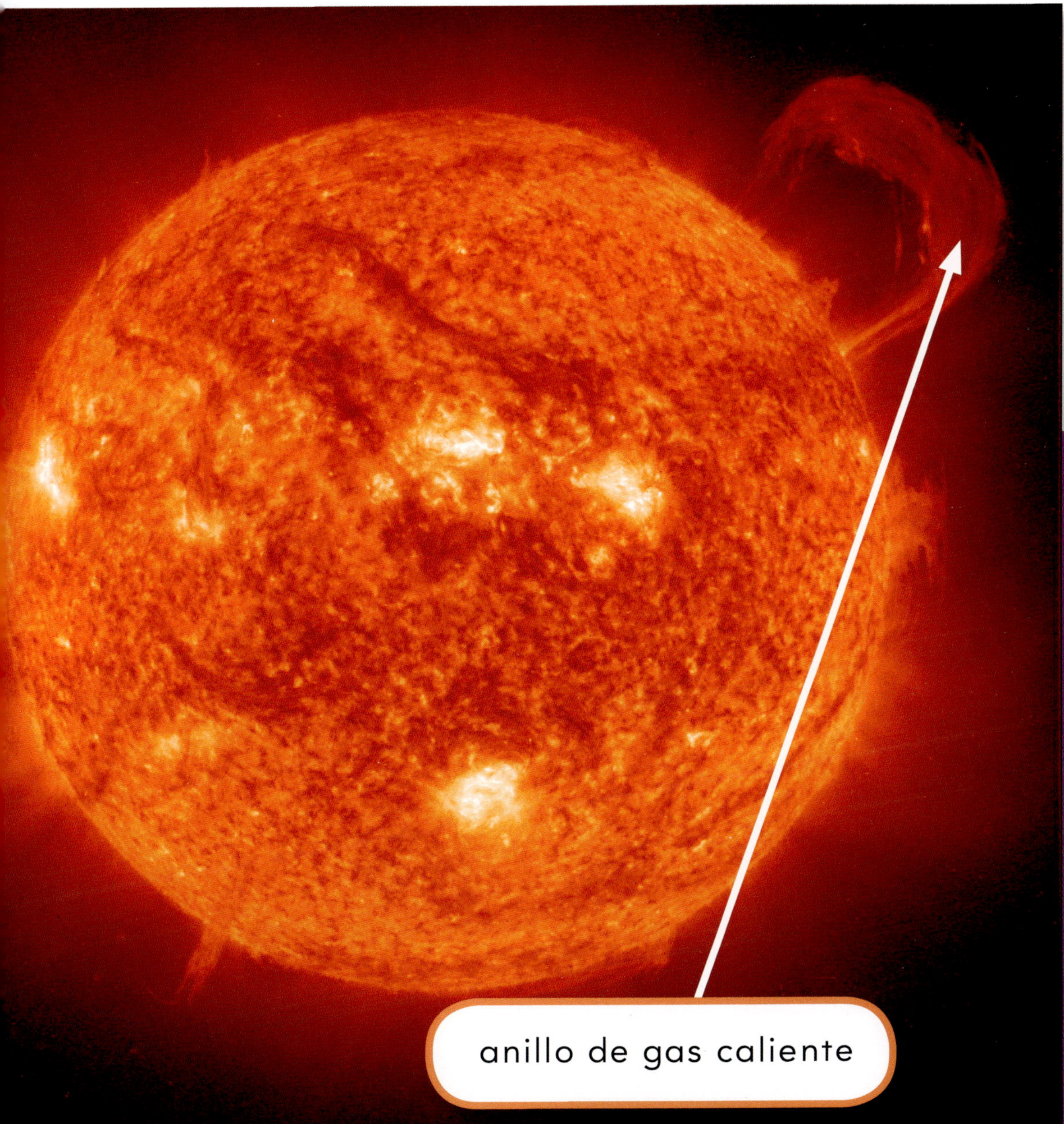
anillo de gas caliente

Un universo soleado

Hay muchas estrellas que brillan en el espacio. Algunas estrellas tienen **planetas** que giran a su alrededor. El sol es una de esas estrellas.

Los planetas giran alrededor
del sol en el espacio.

Todo lo que hay en el espacio se llama el **universo**. En el universo hay muchas estrellas como el sol. El sol es la estrella más cercana a la Tierra.

Nuestro sol es una de las muchas estrellas que hay en la galaxia de la Vía Láctea.

El universo

¿Qué es el universo? Es el todo de todo que existe en todas partes. El universo está compuesto por todas las estrellas, todos los planetas y todo lo que hay en el espacio.

Las estrellas son muy antiguas. ¡El sol tiene aproximadamente cinco **mil millones** de años!

Los telescopios grandes como éste son de gran ayuda para observar las estrellas lejanas.

Además, las estrellas son muy grandes. ¡El sol es gigante! La Tierra es como un punto diminuto al lado del sol. Para llenar el sol se necesitarían más de un **millón** de Tierras.

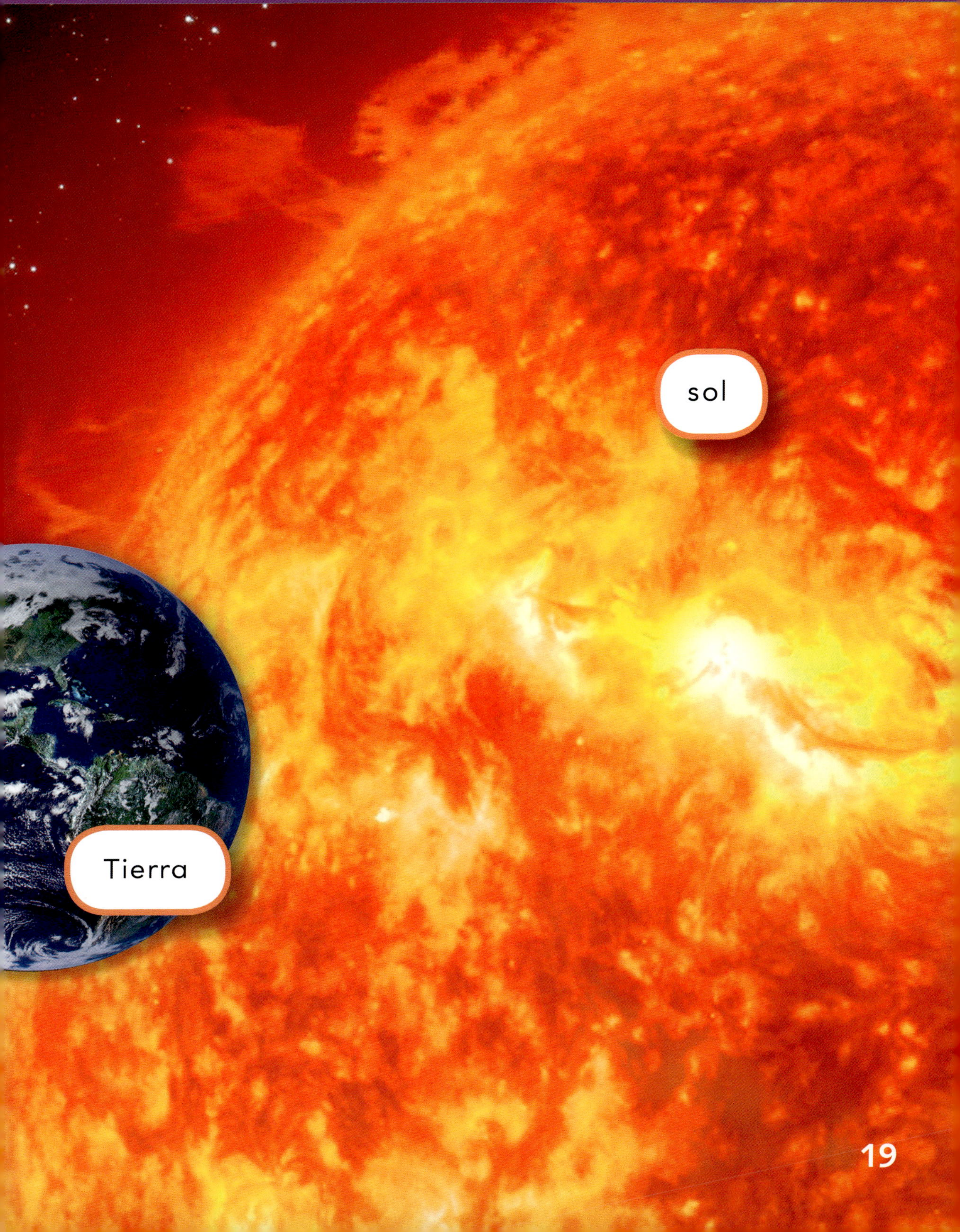
sol
Tierra

Datos sobre el sol

El sol está compuesto por seis capas. La capa del medio se llama **núcleo**. El núcleo es la capa más caliente. La capa externa se llama **corona**. Desde la Tierra vemos la corona.

la corona del sol

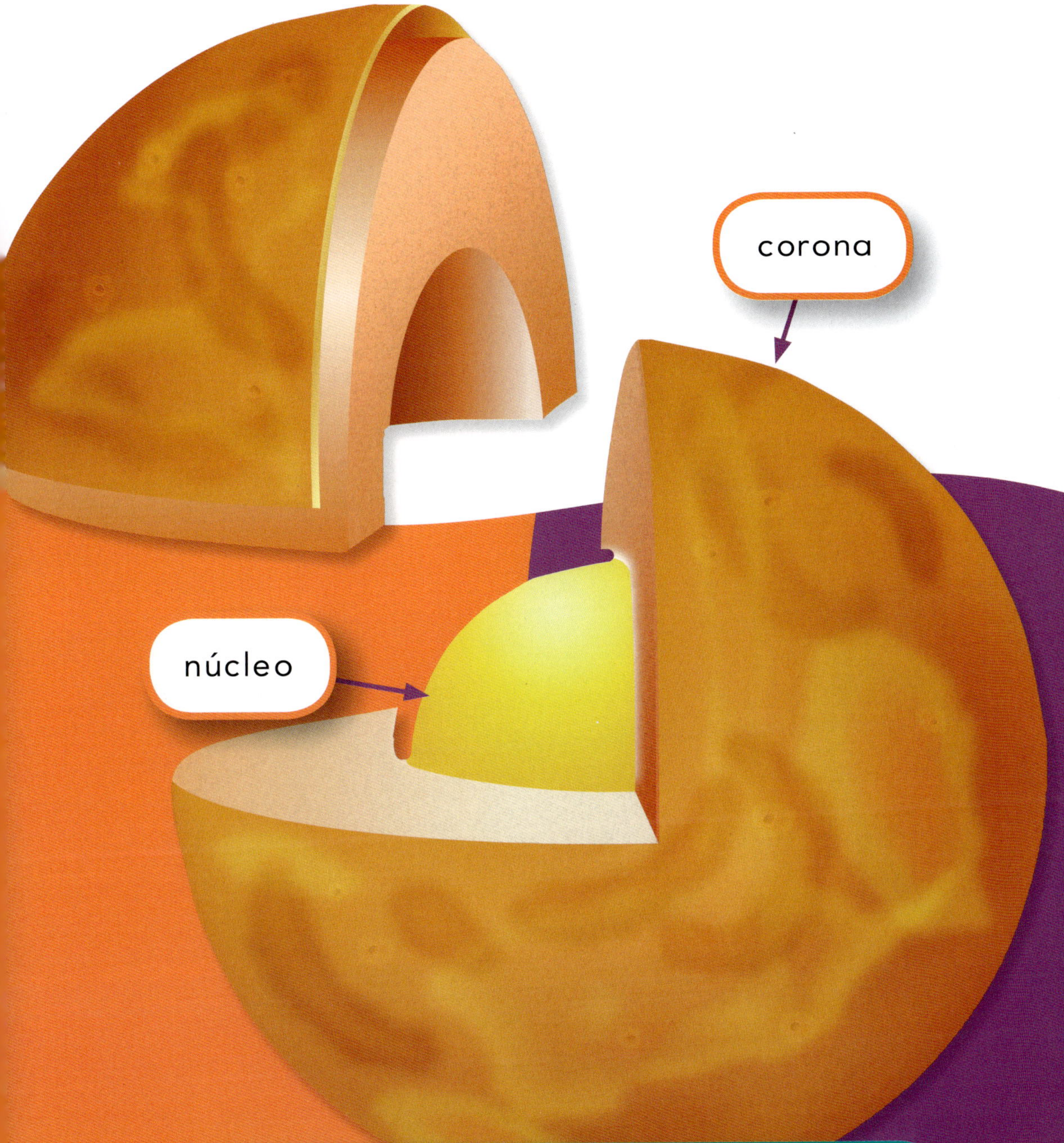

Este diagrama muestra las capas del sol.

Desde la Tierra, podemos ver el sol todos los días. Pero el sol no se mueve. La Tierra se mueve alrededor del sol.

La Tierra también gira. Los giros de la Tierra sobre sí misma hacen el día y la noche. Es de día cuando una parte de la Tierra queda frente al sol. Es de noche cuando esa parte de la Tierra queda de espaldas al sol.

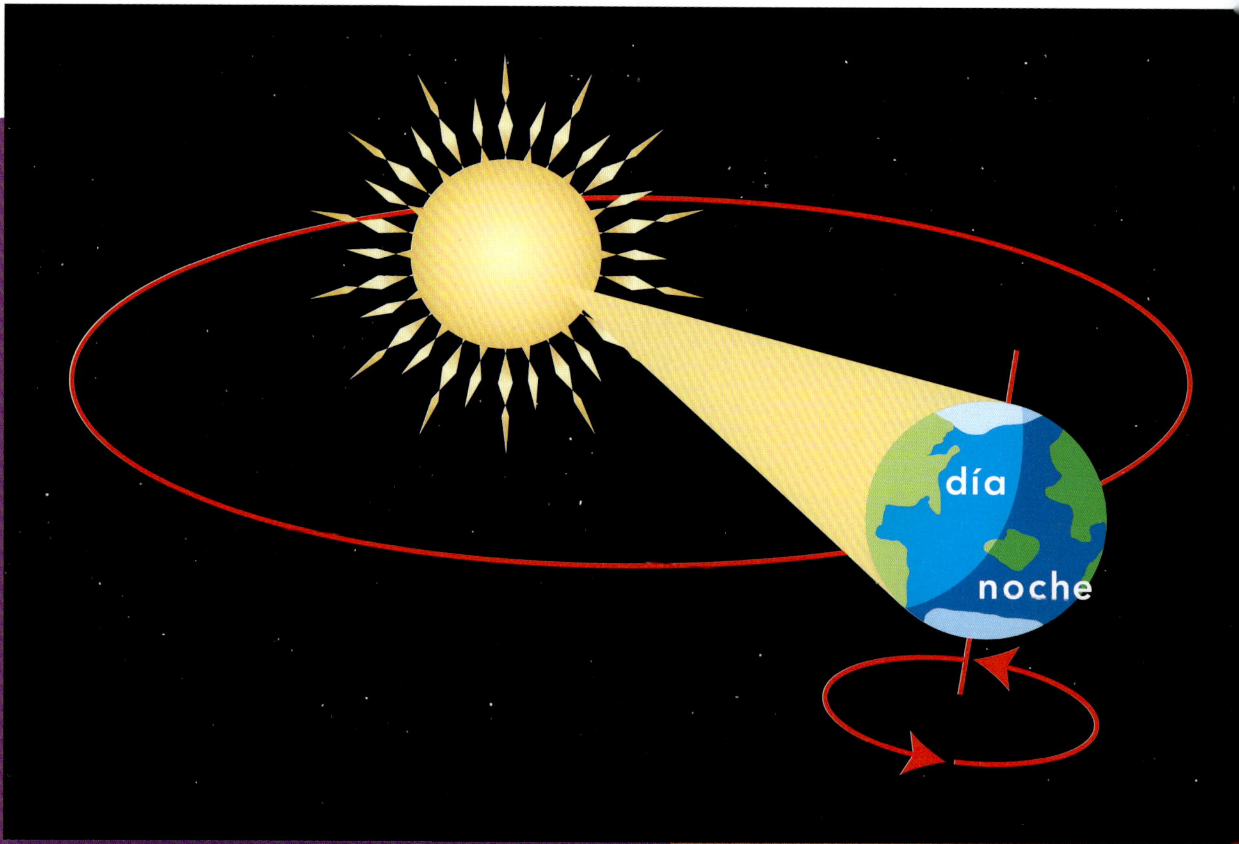

día

noche

Todos los días, el sol parece salir por el este. Eso es el amanecer. Cada noche, el sol parece ponerse en el oeste. Eso es el anochecer.

amanecer

¡Al día siguiente todo comienza de nuevo!

atardecer

Laboratorio de ciencias: Construye el sol

Puedes construir una maqueta de la estrella especial, nuestro sol, con sus seis capas.

Materiales:

- una manzana
- cuatro colores de arcilla para modelar
- papel tisú de color amarillo o anaranjado
- pegamento o cinta adhesiva
- cuchillo (¡Sólo para los adultos!)

Procedimiento:

1. Sostén la manzana. Ésta será el núcleo del sol. El **núcleo** es la primera capa del sol.
2. Elige arcilla de un color. Moldéala alrededor de la manzana. Esta capa debería tener el mismo grosor que la manzana. Esa será la segunda capa del sol.

3 Elige arcilla de otro color. Moldéala alrededor de la última capa. Esta capa debería ser la mitad de gruesa que la capa anterior. Ésa es la tercera capa del sol.

4 Elige arcilla de otro color. Moldéala. Esta capa debería ser muy fina. Ésta es la cuarta capa del sol.

5 Elige arcilla del último color que queda. Moldéala. Debería ser una capa muy fina. Esa es la quinta capa del sol.

6 Arruga el papel tisú. Adhiérelo con cinta o pegamento alrededor de la maqueta. Ésa es la corona. Es la sexta capa.

7 Pídele a un adulto que corte la maqueta a la mitad. Ahora puedes ver todas las capas que conforman el sol.

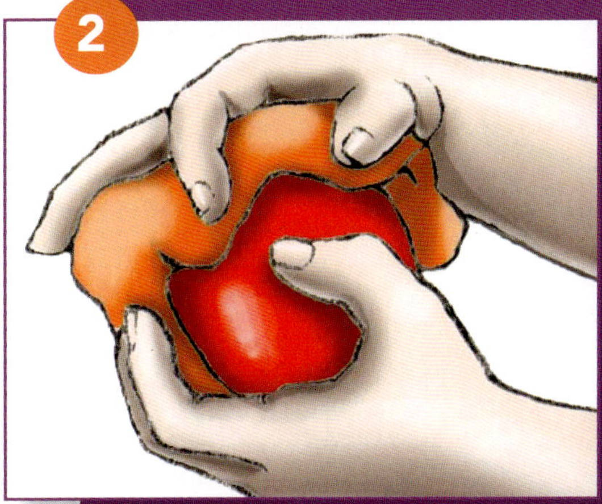

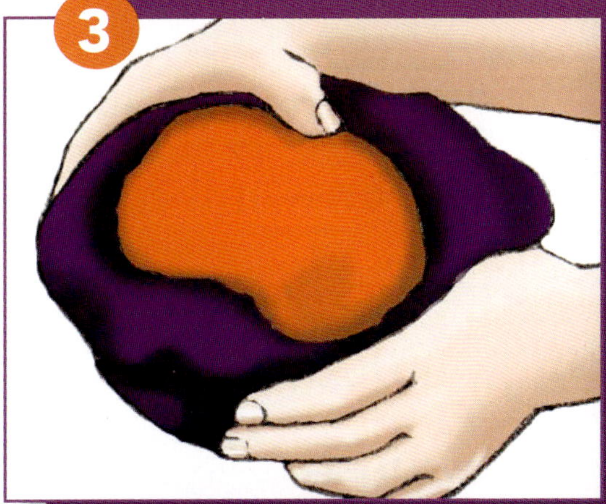

Glosario

corona—la capa externa del sol

estrella—gran bola de gas en llamas que se encuentra en el espacio

gas—estado de la materia que no es líquido ni sólido

núcleo—la capa interna del sol

millón—mil millares; 1,000,000

mil millones—un millar de millones; 1,000,000,000

planetas—objetos del espacio que giran alrededor del sol u otra estrella

universo—todo lo que hay en el espacio

Índice

Una científica actual

Sallie Baliunas es una científica que estudia las estrellas. Le gusta aprender sobre las estrellas que, al igual que el sol de la Tierra, tienen sus propios planetas. Sallie Baliunas ganó muchos premios por su trabajo.